이제 잠시 쉬어가라고

이제 잠시 쉬어가라고

초판 1쇄 발행 2024년 10월 5일

지은이 윤 휘
펴낸이 장현수
펴낸곳 메이킹북스
출판등록 제 2019-000010호

디자인 이정아
편집 이성아
교정 안지은
마케팅 김소형

주소 서울특별시 구로구 경인로 661, 핀포인트타워 912-914호
전화 02-2135-5086
팩스 02-2135-5087
이메일 making_books@naver.com
홈페이지 www.makingbooks.co.kr

ISBN 979-11-6791-599-3(03810)
값 16,800원

ⓒ 윤 휘 2024 Printed in Korea

잘못된 책은 구입하신 곳에서 바꾸어 드립니다.
이 책의 전부 또는 일부 내용을 재사용하려면 사전에 저작권자와 펴낸곳의 동의를 받아야 합니다.

홈페이지 바로가기

메이킹북스는 저자님의 소중한 투고 원고를 기다립니다.
출간에 대한 관심이 있으신 분은 making_books@naver.com으로 보내 주세요.

| 서문

왠지 바쁜 세상을 살아가고 있다. 죽음을 접해 본 기억을 떠올리면, 살아 있을 때에는 항상 더 잘 살자고 이리저리 고민하다, 죽을 무렵 그 고민들은 이제 다 추억이 된다.

어떻게 살아야 하나? 뭐가 잘사는 것인가?
생각이 많아지지만, 막상 뒤돌아보면
별것 아니었는데 하며 허탈해지기도 하고,
더 좋은 방법이 있었네! 하는 생각이 들기도 한다.

그렇다. 그런 생각들을 하며 살아간다.
생각하는 것. 그중의 한 종류가 시다.
제목을 짓고 단어를 쓰고 운율도 감정도 넣고 주제도 넣는 것 그런 거 말이다.

그렇게 해서 무엇을 할 건데?
물어보니 답이 없다. 내 이야기, 내 생각을 쓰는 것뿐인데 말이다.

그러나 또 생각해보면 사람들에겐 공통점, 보편성이란 게 있다. 사랑, 화, 고통, 그리움, 행복, 두려움 등등.
우리 주변에 공통으로 보이는 것들도 있다. 산, 강, 자연, 꽃 등등.

또한 같은 시대를 살아가는 사람들이 대다수 그렇듯 비슷한 시대고를 겪는다. 박봉에, 집값은 비싸고, 경쟁은 치열하고...

일상에서는 감정적으로 슬프면 슬픈 대로, 기쁘면 기쁜 대로, 신기하면 신기한 대로, 괴로우면 괴로움을 느껴가며 그런 감정을 가지고 살아간다.

이런 공통점들을 바탕으로 공감이 가는 이야기를 쓰려 했다. 마음을 나누기 어려운 시대에 말은 차마 못하지만 글로라도 저 깊은 내면의 이야기를 나누고 싶었다.

쉽게 썼다. 어렵게 쓰지도 못하지만, 공감이 갔으면 하는 마음으로 쉽게 쓰려 했다. 읽는 분들의 마음이 조금 쉬었으면 하는 바람도 있다. 정서적으로 차분해질 때나 여행을 가서 주로 글을 쓴 이유다.

오늘 하루도 바쁘지만 마음 한구석이 편안하셨으면 한다.

2024년 8월 세종의 어느 시골길에서 핸드폰 메모장에 쓰다

◇

따가운
햇살 쏟아져
영혼이 불살라지면

조그만
플라타너스 그늘 아래
이제 잠시 쉬어가라고

차례

파도가 바람에게	10	오래 지나 아버지	36
사랑이 불빛 같다	12	길을 묻다	38
상파울루의 어느 카페에서		서울 회상	40
목을 축인다	14	존재의 의의	42
십자가를 메고 1	16	금 강 경	44
십자가를 메고 2	18	사랑, 미움 의미없다	46
나는 철새에게	20	깊은 외로움	48
겨울이 봄에게 드리는 편지	22	안개나그네	50
어느 봄비 내리던 날의 상념	24	싸구려 술집	52
자 유	26	어깨 무거운 아이	54
헤헤헤~ 헤이야~ 어화넘차~		그리고 또	
넘어간다~나비야!	28	바다에 가야만 했다	56
그대와 나 사이에	30	갈매기를 아시나요	58
구름 속 검은 달	32	거문도에 누운	
벌써 파란 갈대, 파란 단풍	34	어린 영국 병사에게	60

소록도 파도 소리 들으러	62	죽음이 주는 삶	92
고흥우주발사센터의 우주선	64	기다림	94
백도(白島)에 간 신선(神仙)	66	등대의 사랑	96
2024, 신판본 춘향뎐	68	오수(午睡)	98
소록도 천사 이야기	70	지난 폭우	100
갯마을 스케치	72	구름 그린 소나무	102
밤의 기도	74	전화를 거는 마음	104
에어컨의 꿈	76	아침이 기대되는 이유	106
올바르게 헤어지는 법	78	사랑받으려면 해야 하는 일	108
공 포	80	금강 따라 서해까지	110
여름이었다	82	가로등을 등진 꽃	114
바람이 분다	84	강안개	116
환(患)의 환(幻)	86	밤의 나무	118
지독해 사랑은	88	밤 지샌 폭풍우와 들꽃	120
만월제(滿月祭)	90	잡 초	122

비, 비, 비요일	124
방주와 천노(天怒)	126
고 요	128
아름동 연서(戀書)	130
이 가을 하염없이 기차에게	132
1934, 아버지의 오사카(大板)	134
옛길에 들어	136
절벽 위 단풍	138
이제 눈마저 움직일 수 없는 내게	140
별만 보이는 밤	142
그 네	144
빛과 어둠	146
눈 맞는 갈대는 꽃	148
이국(異國)의 폭포	150
새해에 소원이 있었던가	152
첨부터	154
울둘목 추억	156
가을에 뿌린 봄 유채	158
최초의 벚꽃에게	160
묘소에서	162
호수와 꽃비	164
이제 모차르트를 듣기로 했다	166
라벤더를 님에게	168
이제 잠시 쉬어가라고	170

파도가 바람에게

바람이 지나치는
푸른 밤의 바다로
갈매기 날갯짓처럼
파도는 인다

바람은 늘
파도를 일깨우고
파도는 늘
바다를 춤취우고
바다는 늘
갈매기를
날갯짓 지운다

바람아
이제는 쉬어주렴
바다도
반짝이는 별빛들을
담아두게

이제 잠시 쉬어가라고

울진 앞바다에 가보았다. 드넓게 펼쳐진 바다가 바람에 물결친다. 파도가 바빠 보인다. 파도는 쉴 수 있을까?

사랑이 불빛 같다

외딴 시골스런 도회지 모퉁이
사랑에 목말라 물 한 모금
입안에 움켜쥐는 회색빛 어린 고양이
어맨 어둠 속으로 먹일 찾아 헤매이고
아인 어맬 찾아 목놓아 아기 울음 내

떨어지는 낙엽마저 비추일 일 없던
쓸쓸했던 키다리 가로등
울부짖는 아이에 빛을 수놓고
빛 따라 먹일 물고 달려온 그 어매

사랑이 불빛 같다

어머니의 모습.
그렇게 저를 사랑했던 어머니…
하늘나라에선 부디 평안하세요.

상파울루의 어느 카페에서 목을 축인다

서울의 삶을 회상하며 쓰디쓴 한 잔의
싸디싼 커피가 폐부를 찌른다
상파울루 밤하늘 둥근 보름달이
서울 하늘에도 떠있으려나

문득 어느 보름달이 뜨던 밤
수화기 너머 상파울루 사람처럼
다혈질로 소리치던 목소리가
귓속을 찌른다 무섭던 빚 이야기

보름달 같은 누이의 뽀오얀 입술
그립다가도 다시 쓰디쓴 커피를
입술에 축인다

내일 또 상파울루의 거리에서
난 쓰디쓴 커피를 판다
서울의 커피랑 똑같은

어느 힘들게 사시는 노인이 있다. 자식들이 빚이 많아 모두 남미로
가서 어렵게 살고 있다 한다.

십자가를 메고 1

기도소리
하이얀
작은 교회당

핑크색 운동화를 보며
해설피 삥끄색이 좋다는
이빨 빠진 장애 아인

핑크색 십자가를 목에 걸고
환한 웃음진다

가난한 벽지에 붙은
핑크색 십자가를
어깨 위에 멘 목회자
아일 보며 핑크색 웃음진다

엄만 두 예수 보며
하이얀 울음 운다

가난한 목사님과 그의 발달장애 아이. 그리고 목사의 아내.
세 명의 예수의 모습이다. 아이는 핑크 발음을 삥끄라 한다.
벽에 걸린 십자가가 마치 어깨에 걸린 듯하다.

십자가를 메고 2

나에게 십자가인 것은 너에게도 십자가다
아니 모두에게 사는 것
하나하나가 십자가다

그러니 정녕 죽지 아니하려거든
기쁜 마음으로 그 무거운
십자가를 가벼이 메라

어느 기도 소리 청량한
교회당 낡은 벽지 위에
걸린 그 십자가보다

너의 마음속 골고다 언덕길을
오르는 깊은 심연의 그 십자가는
너의 목숨을 부지케 하리니

기꺼이 큰바위처럼 무거운 십자가를
가벼이 메라

고난의 십자가를 메고 살아가는 것이 삶이다.
기꺼이 지고 가는 것이어야 가벼워진다.

나는 철새에게

무한 허공
거리낌 없이

꺄아꺄아
가냘픈 날갯짓으로
수만 리를

어떤 갈등도
어떤 고뇌도
어떤 슬픔도
어떤 미련도
품지 않고

오직 사랑만이
그리워 날아가는
그대, 나의 철새

예산의 예당저수지에 가보았다. 철새들이 하늘 위를 자유롭게 날고 있었다. 거칠 것 없는 날개짓을 본다.

겨울이 봄에게 드리는 편지

당신 보여드리려
대지를 파릇이 덮은 새싹을
땅속에 그리 숨겨두었소

당신 꽃향기를 잊었을까 봐
빠알간 어여쁜 꽃잎은
꽃봉오리 속에 꼬옥꼭 감춰두었소

당신 추워할까 봐
북쪽에서 불던 싸늘한 바람 지고
동쪽에서 따뜻한 바람이 불어올 거요

당신 오기를 기다려
꼬옹꽁 얼어붙은 강은
잔잔한 물이 흘러갈 거요

당신 사랑이 떠나갈까 봐
난 땅도 꽃도 바람도 강도
꼬옥꼭 품안에 그리 간직했었소

당신 사랑을 되찾아오려

난 땅도 꽃도 바람도 강도

이제 모두다 화알짝 피우게 할 거요

파릇파릇 새싹이 돋을 무렵

겨울은 봄에게 이런 편지를 쓴다.

어느 봄비 내리던 날의 상념

봄비는 아무리 발버둥치게 내려도 내를 풍성히 못한다
그냥 그럭저럭 내가 내인 것처럼 조금 물 흐르게 해준다

봄비에게 처음부터 크게 기대할 게 있던 것도 아니었다
겨우내 메말랐던 대지를 그리 흡족하게 적시지도 않는다

봄비는 사람들에게 크게 이쁨 받지도 못한다
내려봤자 몇몇 빼고는 농사에 큰 도움이 되지도 못하고 추위마저 온다

봄비가 온다고 해서 그렇다고 눈살을 찌푸릴 만한 것도 아니다
무슨 홍수가 나는 것도 아니고 크게 옷이 젖지도 않는다

봄비가 그렇다고 해서 쓸모없진 않다
먼지도 가라앉히고 이제 이파리도 돋고 꽃도 필 거란 생각도 든다

사실은 알고 보면 봄비는 그냥 봄비일 뿐이다
봄비에게 뭔가 기대하고 실망하고 한다는 건 봄비를 잘 모르고 하는 이야기이다

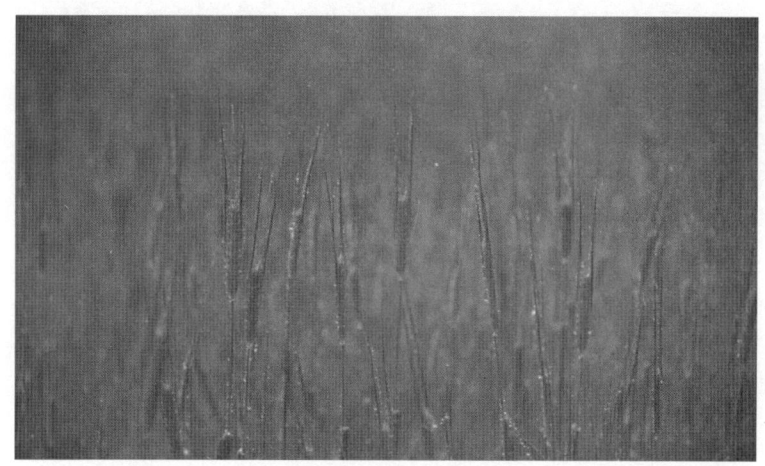

봄비가 내린다. 봄비가 내리는데 글쎄 왜 이리 신경이 쓰이지 않지? 그저 그래~. 우산을 안 챙겼는데도 얼마 젖겠어? 하며, 무심히 나선다.

자유

내가 아는 자유는
출근하고 한잔의
커피 마시기

일하다 창밖 구름
바라보기

잠자기 전 아름다운
음악 듣기

일어나 고요히
기도하기

지나간 삶을
돌아보기

반짝거리는 강 보며
산책하기

그리고 사랑하기

먹고살기 바빠 난 자유도 없나 하는 생각이 든 어느 때,
창밖의 구름을 보고 가슴이 뻥 뚫리는 느낌이 있었다.

헤헤헤~ 헤이야~ 어화넘차~ 넘어간다~나비야!
(정들었던 고양이를 위한 랩소디)

십년전부터 가족이던 귀엽던 우리 나비
하늘나라 갈적에는 날이라도 따뜻하오~

헤헤헤~ 헤이야~ 어화넘차~ 넘어간다~

앙증맞은 배보이던 어여쁘던 정든 나비
하늘나라 가고서도 복넘치는 가족찾소~

헤헤헤~ 헤이야 ~ 어화넘차~ 넘어간다~

조그마한 공을쫓아 재미지게 놀던 나비
하늘나라 가서거든 장난감도 풍성하오~

헤헤헤~ 헤이야~ 어화넘차~ 넘어간다~

엄마찾아 슬픈울음 울어대던 우리 나비
하늘나라 에서거든 엄마품에 안겨보오~

헤헤헤~ 헤이야~ 어화넘차~ 넘어간다~

동료의 사랑하던 고양이가 죽었다. 상심이 너무 컸나 보다. 만가(輓歌)를 지어본다. '헤헤헤~ 헤이야~ 어화넘차~ 넘어간다~'는 충청도 지방의 상여(喪輿)소리이다.

그대와 나 사이에

나의 목소리 안 들리거든
어여쁜 목소리 들으려 가까이 오오

그대 말이 차갑거든
그대 마음 따스이 하려 차 한 잔 따르리다

나의 말이 어렵거든
내 귓가에 쉬이 말해달라 속삭여주오

그대 말이 빠르거든
쉬어가라 아름다운 선율 들려주겠소

나의 말에 화 있거들랑
내게 그대 환한 미소 지어주오

그대와 나 멀어지지 않게
꼬옥 손을 잡아보오

때론 사람들 사이에 소통이 어렵다.
서로에게 따뜻한 말이라도 건넸으면 한다.

구름 속 검은 달

하얀 마음 숨겨진
검은 구름 속에
가리어진 슬픈 달

강변 따라 하릴없이 거닐어
님 닮은 달 보려 해도

저 멀리 뾰족뾰족 갈기 찢긴
가로등 불빛만 보이고

보석 빻던 옥토끼의 달님은
오늘도 떠오르질 않나 봐

밤을 꼬박 걸어서
검은 구름 걷은 그 달 보고파

강 끝 바다에까지 걸어서
고이 빻은 그 보석 찾고파

이제 잠시 쉬어가라고

구름 낀 흐린 날의 달처럼 마음이 맑지 못할 때가 있다.
그 순수한 달이 보고 싶었다.

벌써 파란 갈대, 파란 단풍

노란 솜털꽃이 예뻤던
갈대가 벌써 파랗고 길쭉하게
칡과 뒤엉켜 자라고

붉은빛 이쁘디곱던
단풍이 벌써 파란 빛깔 새초롭게
참나무 사이를 비집고 자랐다

이제 얼마면
갈대갈퀴도
예쁜 봄꽃같은 솜털꽃이 되고

단풍은 봄꽃보다
더 예쁜 잎사귀를 뽐내겠지

어쩌면 석양에도
청춘만큼 화려하지 않지만
고운 빛깔이 될 수 있겠지

청춘처럼 화려하진 않지만 가을 갈대꽃도 예쁘다.
나이가 들면서 갈대꽃을 바라본다.

오래 지나 아버지

종일
그의 손엔 무언가가
들려 있었지만

농사짓는
아버지의 입은 늘 침묵이지만

어린 난
그것이 무언지 몰랐지만

때론
그 침묵이 사랑이 아니란 마음에
미워도 했지만

그 침묵이
거칠한 손이
사랑이었단 걸
알기 위해
이리 늙어버려야 했다

농사짓던 아버지를 떠올린다. 자식들이 많아 항상 바쁘셨고,
고되셨다.

길을 묻다

땅끝 해변 따라 걷다
바다 너머 산을 보며
길을 묻다
배를 타시오

배를 타고는
가까이 오는 산을 보고
길을 묻다
바닷길이잖소

산에 닿고도
길을 묻다
다 왔소 산길

사실 사는 길을 잃었소
사는 곳엔 다 길이 있소
땅이 끝난 섬에도

땅끝이라는 해남에 가보았다. 길은 어디든 있을 것이다. 섬에도.

서울 회상

태양을 따보겠다고
시대 구호에 따라 갔던 서울

시골서 자라
서울서도 뒷산 산책할 때가
제일 행복했었지

큰 빌딩 큰 도로와 차는
그저 인공의 가식이었지

거기엔
노루도 토끼도
산딸기도 머루도 없을 테니까

거긴
할머니의 옛이야기도
아빠의 손썰매도 없을 테니까

서울에 살면서

알게 되었지
내게 서울은 따로 있다고

불안하고 외로울 땐
시골 산골에 내려갔지만

이젠 서울의 큰 빌딩이
보고 싶으면 서울 여행을 하지

이젠 알았지
그곳엔 다 있는 것 같았지만
지나고 보니
아무것도 없었다는 걸

큰 빌딩과 큰 도로와 차를 빼곤

빌딩도시 서울은 위압감을 주었다. 번영하지만, 욕망이 가득하고,
무엇인가에 쫓기게 만드는 분위기였다.

존재의 의의

어쩌면
내가 태어나 살아간다는 것과
네가 태어나 살아간다는 것이
같은 거다

지금 내가 있는 것은
네가 있어서이고
너의 또 다른 네가 있어서이고
너의 너의 또 다른 네가 있어서다

내가 죽어가는 것은
네가 죽어가기 때문이고
너의 또 다른 네가 죽어가기 때문이지

내가 태어나 살면서
내가 나이 들어 죽어가면서
난 오늘이고 거기에서고
내일이고 여기에서고
난 너를 너의 너를 살아가고 있는 거다

존재한다는 것도 관계 사이에서 유의미하다.
너와 나의 관계는 중요한 것이고 우리의 존재 이유다.

금강경

세존,
하루에 삶에 인연에
집착하는 난 무엇입니까

수보리,
보이는데도 그것이 허상이라 하시니
난 무엇을 본 것입니까
살아가는 나라는 허상은 또
무엇입니까

세상만사 공인데
다 변한다는 그것은 무엇입니까

그대 육체
그대 인연
그대 시간
그대 생각
다 내려놓으시게

변하는 것도 공이니

그것이 금강 같으니

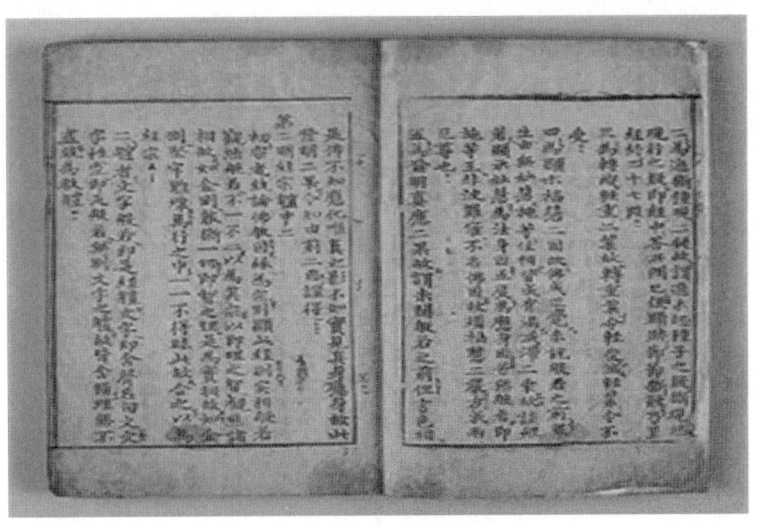

일터 책장에 금강경 연구가 꽂혀 있다. 세존은 부처, 수보리는
그의 수제자다. 공(空) 사상이 중심이다.

사랑, 미움 의미없다

떠난다고 말해도
남아 있을 줄 아는 때가 있다

못 견디게 보고 싶어도
못 견디게 떠나고 싶을 때가 있다

진심 사랑한다 말해도
정녕 미워서일 때가 있다

못 견디게 미워서도
정녕 매일 생각해 사랑한다

사랑한다거나 미워한다거나
떠난다거나 보고 싶다거나

의미없다

사랑이 있기에 미움이 있다는 걸 알고 미움이 있기에 사랑이 있는 것도 안다. 떠나감이 있기에 머무름이 있고, 머무름이 있기에 떠나감이 있다. 어쩌면 같은 마음이 아닐까? 사랑하기에 떠나는 것처럼…

깊은 외로움

언젠가
함께하자 언약하고
손에 손잡고
웃음꽃 피며 가던 그 길

잡은 손 놓지 말고
마주치는 눈 웃고
뒤서는 이 잡아주고

길모퉁이를 지나
징검다리를 지나
험한 길 헤매이다가

뒤돌아보니
혼자만의 손
혼자만의 웃픈 웃음

뒤돌아볼걸
옆으로 갈걸
밀어줄걸

그리곤
깊은 외로움

슬픈 눈물

동료들이 힘들 때 서로를 위로했다.
함께 하자며…

안개나그네

정처 없이
가로등 없는
안개 자욱한 강변길에

흐르는 물소리에
꿈을 꾸며 걷는 나그네

추억도 사랑도
아픔도 고독도

안개 속에 훌훌
털어버리는
꿈꾸는 피안(彼岸)의 길손

생각을 정리하거나, 고민이 있으면 강변길을 걷는다.
나그네건 중이건 번민에 싸인 자가 도달하고픈 곳은 피안이다.

싸구려 술집

친구들과
들어간 싸구려 술집

한켠엔 홀로
요즘 개판이야 씨부럴하는
주객의 쌍욕이 들린다

진짜 무언가 개판인 세상
테레비에 나오는 뵈기 싫은
그 연놈들

개 물어뜯듯 싸우는 금배지
허구한 날 약하고 이혼하고
감방 갔다는 쓰레기들

올해 농약값 아이들 책값
장인 아픈 것이 술안주로
돌아오자 술이 목구멍 깊이
들어가 심장을 달랜다

씨부럴 저걸 때려 부술까

테레비를 째려본다

어릴 적 동창들과 술집에 들어갔다.

어깨 무거운 아이

늦은 밤 키만큼
커다란 책가방에
학원을 나오는
어깨 처진 아이

영혼 없는 얼굴
사라진 웃음

마중 온 엄마에
방긋 웃어보지만
슬픈 표정의 엄마

이 어둠 지나면
별을 따주겠다는
아이에게
슬픈 웃음을
지어보인다

세상없는

슬픈 모녀의
아픈 설화

일터 근처 상가엔 학원이 밀집했다.
밤 11시쯤 되면 아이들이 쏟아진다.

그리고 또 바다에 가야만 했다

내륙 깊숙한 곳에 사는 난
바다를 보고 싶어 미칠 것만 같았다

아마 엄마 배 속의 양수가 부족했거나
너무 일찍 양수를 벗어났거나

양수에서 헤엄치다 빠져 죽을 뻔했거나
다시 양수로 들어가 태아가 되고 싶거나

바다에 가면 이런 생각이 든다
태초부터 난 여기 살았었구나

저 멀리 보이는 섬엔 또 어떤 종족이 살길래
나를 끌어당기는 걸까
모르긴 해도 양수 속에도 섬이 있었을 거다

바다를 달리는 배에 올라
난 만세를 외친다

태초에 내가 양수 속에서 꿈꾸었던
그 무한자유를 가졌다고

바다에 가면 가슴이 확 트인다.
어릴 땐 첩첩 산중에 살았고
커서는 아파트 밀집한 도시에 살아서 그런가···.

갈매기를 아시나요

길고 먼 길을 달려가
보고 싶은 바다에
배를 타고 가다 보면

길고 높은 목소리로
손을 흔들며 인사를
제일 먼저 건네주는
갈매기를 아시나요

이 배를 타신 당신은
지금 행복한 것이라고

나를 사진 찍어주는
당신은 사랑에
가득 찬 사람이라고

내게 먹이를 던져주는
당신은 사랑할 줄 아는
사람이라고

이제 잠시 쉬어가라고

배 내리는 당신에게
손 흔들며
웃음 지어 보이는
그 갈매기가
당신인 줄 아시나요

바다에 가면 따라오는 저 갈매기가 귀엽다.

거문도에 누운 어린 영국 병사에게

우리에게도 낯선 거문도
그곳엔 빅토리아 시대 열일곱 살
데일이라는 이병이 묻혀 있다

엄마도 친구도 보고 싶을 나이
인도양과 태평양의 무서운
풍랑 타고 온 소년아

로서아의 니콜라이도
일본의 다이쇼도
탐욕에 눈이 어두워

열일곱 살 꽃다운 아이를
삼만리 저기 먼 외딴섬에
묻게 했고나

차라리 네가 살고
그들이 죽었더라면

차라리 네가 공부를 하고
그들이 이병이었더라면

거문도엔 슬픈 전설도
로서아엔 전쟁도
일본엔 원자탄의 비극도
없었을 텐데

이젠 휘파람새 소리
은갈치 잡는 어부의
그물 올리는 소리만이
어린 그를 위로해준다

삼가 데일 이병에게 거문도의
수국 한 송이를 바친다

역사에 나오는 거문도 사건(1885). 영국군 묘지에 가보았다.
어린 데일 이병이 묻혀 있었다.

소록도 파도 소리 들으러

소록도에 가보았다
새하얀 파도 소리 들으러

어릴 적 친구들과
갖고 놀던
하이얀 구슬 치던 소리

섬 아낙이
하얀 서방님 저고리
다듬이질하는 소리

해변 몽돌 같은
하이얀 누에로
비단 잣는 소리

소록도에 가보았다
토닥토닥 파도 소리 들으러

소록도엔 파도 소리가 청명하다. 깊은 밤 파도 소리를 듣는다.

고흥우주발사센터의 우주선

여긴 지구별의 고흥우주발사센터야
이번에 너희 별에 편지를 보내는
친구들이 많아 우주선을 보낼 거야

지난번 너희 별에서 보내준 우주선에
편지는 잘 받았어

어쩜 그렇게 작은 별에 살면서도
너희 별 사람들은
싸우지 않고 화목하게 잘 살아가니

거긴 지구별처럼 산소도 자원도
자연 환경도 넉넉지 않고 아름답지
않을 텐데

너희 별엔 마음이 넉넉한 사람들이 많아
우리 별 사람들이 많이들
친구를 맺고 그곳에 가서 살고
싶어하나봐

별이 뜨는 날씨엔 너희 별을 보려고
천체 망원경을 준비하는 사람들이
많단다

우리 별 사람들도 너희 별 사람들처럼
사랑이 넘쳐 나야
너희 별로 이민 가려는 사람들이
줄어들 텐데 걱정이야

하긴 우리 별 사람들이 워낙 북극 얼음과
남극 얼음을 불로 녹여서
땅이 사라져가 살 곳도 없어

너희 별이 부럽단다

고흥의 나로호 우주발사센터에 갔다.
'왜 나로호를 발사했을까' 생각에 잠겼다.

백도(白島)에 간 신선(神仙)

바다에 누워
달려간
태초의 섬
그림일지
섬일지도 모를
백도를 본다

너울대는 하얀 풍랑
날치떼 솟구치고

푸른 소나무
절벽 위에 곧에 솟은
깎아지른 섬

봉황이 부리 뚫은
바위 사이로
한치 떼 드나들고

파도는 부딪혀
갈매기로 날아간다

아이야! 난 신선이 되고
섬은 동천(洞天)이 되었다

거문도 거쳐 백도에 가보았다.
날치가 날아 다니고, 절경이 눈에 들어온다.
배를 탔다기보다 신선이 바다 위를 떠다니는 느낌이 든다.
동천(洞天)은 도교에서 신선이 사는 곳을 뜻한다.

2024, 신판본 춘향뎐

네 이놈 이 도령!
네 감히 이 춘향을
사랑한다는 감언이설로
겨우 벼슬아치 주제에
나를 한낱 집구석 아낙의
구렁텅이로 빠뜨리려 했느냐!
저놈에게 장칠 준비를 하렷다

네 이년 향단아!
너는 어찌 내 어미 월매에게
거지같은 이 도령을 괄시 말라며
밥을 해주고 불을 때주라 하였느냐?
이몽룡이 뭐간데 나이 든 어머니에게
그런 걸 시키느냐?
저년에게 장칠 준비를 하렷다

네 이놈 방자야!
너는 어찌하여 나와 저 이 도령을
연결시켜 준다는 핑계로 향단과

사랑질만 했느냐?
업무는 태만하고 사적으로 직위를
남용하지 않았느냐?

저 연놈들을 옥에 가두어라

남원 광한루에 가보았다.
지금 춘향전을 썼더라면 다르겠지?

소록도 천사 이야기

작은 사슴 많아
소록도

천사병(天使病)을 품은
사슴들이

죄 없는
모가질
소나무 걸어

가지 위엔
선홍 송진
호박(琥珀)으로 맺혀지고

하이얗던 파도는
밤새워 핏빛 운다

목을 빼 동경하던
바다 건너 천국에선

생(生)찾은 천사들이
환영하는
뿔피리소리
메아리친다

이제 잠시 쉬어가라고

소록도 한센인들이 절망하여 소나무에 목을 매 자살하였다는 이야기를 들었다. 뭐라 말할 수 없는 감정이 밀려들었다.

갯마을 스케치

잔잔한 갯바람에
파도 소리는
갯새들의 노랫소리

갯부랑 갯우잉으로
국을 끓이고
갯쑥으론 전을 한다

사내들은 갯지렁이로
고기 잡고
아낙들은 갯벌
게를 잡아

갯마을 저녁은
오늘도
어김없이
축제.

거문도의 갯마을의 해풍쑥전을 먹었다. 맛이 일품이다.
거문도 등대 가는 길에 갯무가 지천이었다.

밤의 기도

밤에는
가슴의
울림들은
까맣게

희망차던
아침 해도
강렬한
낮 햇살도
석양 노을도

이젠
잊으라고

신이시여
이 밤엔
오늘을
거두소서

이제 잠시 쉬어가라고

이 밤엔
오늘의
고난도
절망도
잊게 하소서
이 밤엔
오늘의
기쁨도
행복도
묻게 하소서

일과가 끝난 뒤 밤에는 심장을 가라앉히고
감정을 차분히 할 수 있도록 기도를 해보자.

에어컨의 꿈

널 휘감은 나는
알래스카
북극서 달려온
현자(賢子)
빙하의 아들

너의 끝없이
뜨거워진 욕망을
식힐 이는 나뿐

무엇을 그리
뜨겁도록
갈구하는 것이냐

그리하여
얻어지는
것이 있다면
그것은
영혼의 죽음

난 널

불타는 죽음에서

꺼내줄 구원자

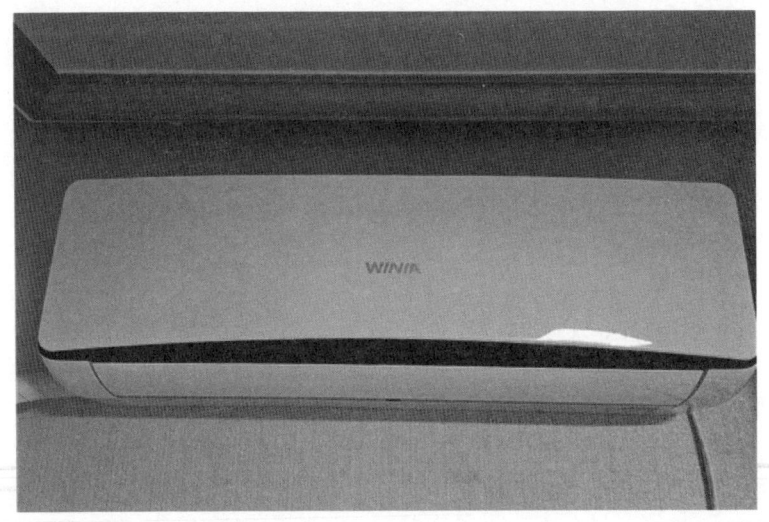

에어컨이 몸을 식히는 모습이 흡사 욕망을 식혀주는 모습 같다.

올바르게 헤어지는 법

연인과의
헤어짐엔
미소지며 악수하기

불화와의
헤어짐엔
산속 길을 산책하기

고독과의
헤어짐엔
자신에게 말을 걸기

못난 나와
이별할 땐
통한의 참회하기

그리고
이별 후엔
이별이라 생각 말기

인생은 만남과 헤어짐의 연속이다.
헤어짐이 일상이 되었다.
이제 익숙해져야겠다.

공 포

아주 어두운 밤이었어
많이 아팠지
그날도 불을 켤 수
없었어

무언가가 불빛을 보고
창을 깨고 들어올까 봐
무서움과 어둠과 불안함과
무지가 촉수를 자르고
있었어

이때 전기는 나가고
핸드폰마저 켤 수 없었지
난 밖이 두렵고
세상도 두렵지

흉측한 인간들의 모습
뭔가 항상 소리를
지르고

울고 그러다 웃고
그러다 싸우고

특히 내겐 항상
무언가를 원해
난 그게 싫어
집안의 쥐로 변했어

영원히 어둠 속에서도
그 흉측한 인간들이
날 가지고 놀지도
못하도록

사회적 약자 혹은 관계에서의 절망감에 빠진 이에겐 사람이
두려움의 대상일 때가 있다.

여름이었다

참으로
무더웠다지

그러니까
몇십 년 만에
최고 더웠다던

그랬는데도
몰랐었지

그게 얼마나
더운 건지를

노가다판
농사판
할 것 없이
살기에 바빠

이제 잠시 쉬어가라고

여름이나
겨울이나
다 똑같지

다 덥고
다 땀 흐르고

치열한
삶에 가보면
모르지
더운 거나
추운 거나

모르지
사는 거나
죽는 거나

      막노동은 여름이나 겨울이나
        진짜 땀이 많이 난다.
        치열한 삶의 현장이다.

바람이 분다

이글거리는
태양 아래
이정표도 없는
고단한 머언 길로
발걸음을 옮긴다

어디로 가야 하나
얼마나 가야 하나
어디에서 쉬어야 하나

순간순간
멈칫하다

시원한 바람이 분다!

소나무 가지
미루나무 가지
손을 흔들고

이제 잠시 쉬어가라고

매미소리
찌르레기소리
흥겹다

이제는 가자!
멀리라도 가자!

무더운 날이었다. 시원하게 바람이 불어온다. 살 것 같았다.
살고 싶었다.

환(患)의 환(幻)

번뇌가 심해지는
폭우 내리던
늦여름

어제 노동일에
심한 통증이
찾아온다

노모(老母)의 부고
꿈을 꾸고 소스라쳐
어쩌지 진짜
돌아가시면

이제 또 어쩌지
몸이 이리 아파
내일 일도 못 가면

아이고 어쩌지
생이 이리
끝나버리면

이제 잠시 쉬어가라고

차라리 환생하여

망망히 하늘 나는

새가 되고 싶어

결혼은 늦어지고 부모님은 나이가 드시고,
비가 와 노동일을 가지 못하면 몹시 불안해진다.
환(患)은 근심이나 병. 환(幻)은 유령, 허깨비.
근심이 자꾸 유령처럼 따라온다는 의미로 썼다.

지독해 사랑은

지독하게
따라다녀
사랑이

밥을 먹으면
너와 마주하고

길을 가도
너를 느껴

꿈에도
보여

미칠 것
같아

지독해
사랑은

가슴 아프게

헤어진
사랑은
더 그래

사랑할 땐 저리 된다. 왜 그런지 알 수 없다.

만월제(滿月祭)

고즈넉하던 마을
보름 되어

성황님 정자나무엔
꽹과리 징 상단에
흥이 돋고

각시광대 청광대
탈춤을 춘다

달빛에 비추인
오색빛 서낭베
덩달아 춤을 추고

비나이다
비나이다
만월님께 비나이다

각시광대

청광대

혼례 맺고

만월케 하소서

하회마을 성황당에 가보니
오색빛 서낭베가 휘황하게 걸려 있었다.
그리고 얼마 있다 보름이었다.

죽음이 주는 삶

죽음에 다다라
삶이
강물처럼 흘러 보인다

살아 있던
순간
다 기적이었고

절망같던
순간
모두 행복이었고

친구와 적
그저 스쳐
지나간 이 모두
다 소중한 인연이었다

죽음이
되살려준

산
찰나의
사랑뿐이던

모든 삶

예전에 진짜 흉통이 심해 죽는 줄 알았다.
죽음을 맞닥뜨리고 지나니 삶이 찾아왔다.

기다림

작년 어여삐
들에 피던
개망초

보고 싶어
여름에도
가을에도
겨울에도

들에 가
한참을 바라봐도
피질 않아

개망초 날 잊었나

기다려달라
믿어달라
한마디만 해주지

봄 되어 날 보며
활짝 웃는
개망초

믿을걸 기다릴걸
널 보는 희망은
거기 있었는데

들꽃 개망초꽃. 작지만 예쁘다. 믿고 기다리면 되는 것을….

등대의 사랑

누구한테 사랑받아
본 적이 없다

참치배에도
여객선에게도

밝고 빠알간
키스를 내리쪼인다

그저 지나쳐버릴지라도

온몸을 비틀고
밤새 돌아 어지러워도

아찔한 절벽 위
꼿꼿이 서서

날 찾는 여인에게
바닷바람과 물결로
뽀얗게 화장을 하고

이제 잠시 쉬어가라고

거문고 등대, 우뚝 서 있다.

오수(午睡)

아침부터
일이 밀려들어
신경이 곤두선다

점심 되어
불편했던
업무를 위장에
쓸어넣고

거래처 송장(送帳) 같은
커피로 목구멍에
기름 붓는다

낮잠이 들자
찬란한 금빛 옷을
휘감고 알함브라 궁전의
주인이 되었다

황금 양탄자를 타고
하늘을 날아다니며
그라나다를 통치하는
온 이슬람 상인을 지배하는

이제 잠시 쉬어가라고

꿈도 잠시
양탄자는 서류로
궁전은 조그만
책상이 된다

다시 바빠진 오후
서류를 펼치고
주문을 외워본다

하쿠나마타타~
하쿠나마타타~

일이 많은 날, 식사 후 낮잠을 자다 저런 꿈도 꾸지 않을까?
'하쿠나마타타'는 스와힐리어로 "문제없다"는 뜻으로,
영화 '라이온 킹'(1994)에서는 절망에 빠진 심바에게
"근심걱정 모두 떨쳐버려"라는 의미의 노래로 나온다.

오수(午睡)

지난 폭우

이 세상
삼킬 듯하다
사그라이

짚먹붓 눌러 그린
먹구름도
검뿌여니

청춘의
폭풍 같던
열애(烈愛)도
아스라이

해탈한 노승같이
맑게 갠 하늘

세차던 빗줄기
강물 되고

강물은
구름 되어
온 세상
삼키겠다던
혈기 못 지켰어도

넌 죄 없어

폭우로 많은 것들이 사라졌지만 이도 삶의 일부이다.
그렇게 살아져가는 것이 자연인가 보다.

지난 폭우

구름 그린 소나무

하늘 향해 손 뻗어
당신 잡아보려 해도

내려준 비를
먹고사는
서글픈 미생(未生)

매일같이 그리워하여
가고 싶지만

그처럼
자유롭고 싶지만

잠시도
단 잠시도
땅을 지켜야만
하는 슬픈 삶

소나무,

그리 생각 마오
매일 바람에 휩쓸려
정처 없는 인생
땅에 뿌려져
강이 되면 또
어디로 끌려가는지도
모르는 나그네

나도 당신만을
사랑할 수 있게
해준다면

당신 곁에
머물 수만
있다면

사람처럼 나무와 구름도 부러운 것도 있고 부족한 것도 있다.

전화를 거는 마음

외로운 순간

전화 걸면 제일 먼저
받을 것 같은 이에게
신호를 보낸다

뚜뚜뚜뚜뚜-

외로움은
더 깊어진다

뚜뚜뚜뚜뚜-

또 다른
평소 알 만한
이에게도
걸어본다

뚜뚜뚜뚜뚜-

이때쯤
극한 외로움이
밀려오다

순간
번뜩 생각이 달라진다

아냐

전화도 받지 못하는
그들이 외로운 거야

전화만 하고 있잖아

뚜뚜뚜뚜뚜~

몹시 외로워져 여기 저기 전화를 걸어 볼 때가 있다.
그들은 전화도 못받고 있다. 서로 시간이 안 맞는 것이겠지~
생각하다가도,
외롭지만 외롭지 않은 척하려 바쁘게 사는 것 아닐까?
하는 마음이 든다. 강제된 바쁨.

아침이 기대되는 이유

어제의
불쾌를
향긋한
비누로
씻을 수
있고

시악시 같은
아침 해의
미소를
볼 수 있고

사랑하는 이에게
일어나라
속삭일 수
있고

아침 햇살에
번뜩 아이디어를
낼 수 있고

좋은 이를
만날 수
있는
설렘이
있고.

아침에 일어나 일터에 나가야 할 때,
'가고 싶다'는 마음이 생기기 위해.

사랑받으려면 해야 하는 일

한순간도
잊지 않고
바라본다

쉼 없이
빛을 받으려
돌아다닌다

잠시도
떨어지지
않으려 한다

그의 온기가
없으면
살 수가 없다

지구는
태양을
그렇게
사랑한다

나도
널
그렇게
사랑한다

진정한 사랑을 생각해본다.
엄마의 자식 사랑보다 더 근원적이고 지고지순한…
태양을 바라보는 지구.
그래서 사시사철 끊임없이 생명을 만들어내는 것과 같은….

금강 따라 서해까지

바다에 가보았지
석양이 물든 장항항

비단같은 금강 따라
수려한 칠갑산 지나
서동 왕자가 살던
부여를 지나

석양이 구름에
걸려 장관인 항구엔
금강에 살던
빙어랑 메기도
꽃게와 노니는 곳

뿌우연 해무 사이로
보이는 작은 섬들은
고단했던 심장을
위로하고

드넓게 펼쳐진
갯벌 위엔 구름 사이

석양이 수줍게
미소 짓게 하는 곳
금강 따라 서해에
가보았지

심장이 살고
미소가 살아나는
이 산하(山河)와
바다는

나,
나고
살고
묻힐 곳

꿈을
꾸고
사랑하는 곳

서해로 여행을 가다가 문득 생각이 났다.
이곳이 나를 품어주니까 내가 사는구나!

들판에 홀로 핀

꽃
왜 그리 고독을
자초했느뇨

아니어요
난 외롭지 않아요

제 존재는
저만의 것인데요

무리로 사는 것이란다

들에 핀 이름없는 꽃은
폭우가 쏟아져도
바람이 세차게 불어도
꿋꿋하다오

난 그리 죽어도
행복하다오

줄 것도
받을 것도
없이 살다,
날 보아준
당신만은 있잖아요

혼자 핀 꽃. 고독해 보였지만 곧게 피었다. 가까이 가 보았다.
말을 걸자 이젠 더욱 활짝 웃는다.

들판에 홀로 핀

가로등을 등진 꽃

어둑어둑
가로등이
켜지고

꽃은 가로등을
등진다

왜 지금에야
사랑을 주냐고

낮 동안
무엇을
하였길래
어디에
있었길래

어제도 그제도
그대를 지키고
있었다고

강렬한 태양이
가리고 있었을 뿐

꽃에게
노란 불빛
울음을 비추인다

가로등은 항상 꽃을 지키고 있었지만
더 강한 태양 때문에 모르고 있었다.
사랑이 강하지 않다고 원망하지 말자. 작은 사랑도 사랑이다.
그는 자기가 할 수 있는 만큼의 사랑을 해준 것이다.

가로등을 등진 꽃

강안개

하지 지나
폭우에 강물
우렁찬 어느 밤
강변 거닐다

밤안개 자욱
강변길에
하얗게 피어올라
살갗을 시원하게
쓰다듬는다

스멀스멀
강을 가득 메운 안개

뙤약볕에
강물이 하늘에 올라

별을 가린
구름으로 가

구름을 닮아
어여쁜 밤안개

아무도 모르게
세상 사람 만나고파
강변에 나와
행여 지나가는
고독한
나그네 있으면
알려주려

안개 그의
살아간 이야기를

안개 그의
고독을

　　　　　자주 가는 강변 길에 늦은 밤이나 이른 아침에는
　　안개가 길에까지 온다. 안개와 마주치면 시원한 느낌이 든다.
　　　　　　　　무슨 말을 하고 싶은가 보다.

밤의 나무

밤길 산책하다
나목(裸木)처럼
서 있는 밤의 나무

보여줄 것
가질 것
이젠 없어진 밤

보여주려 들떠
무겁던 마음
내려놓을 수
있는 시간

가지려
광합성에
바삐
움직이던
이파리도
쉬는 시간

밤의 나무는
자유.

밤의 나무는
자연의 자연.

밤엔 나무가 나목처럼 보인다.
보여줄 것 없어진 나무. 자유 그 자체다.
나도 보여주려 가지려 하지 않으면 자유 아닐까?
쉽진 않지만, 하는 생각이 든다.

밤 지샌 폭풍우와 들꽃

기도한다
밤새 몰아치는
폭풍우에

들에서 본
홀로 핀 꽃
잘 있으려나

기도해본다
밤새 뒤척이며
살아 있기를
꿋꿋하기를

헤어질 때 속삭이던
그 말 잊을 수 없어
날 보아준 당신 위해
꿋꿋하겠다던
약속 지킬 수
있으려나

그렇지만
들에 핀 홀로 핀
꽃은 강철보다 강해
부러지지도

꺾이지도
않을 거야

비 그치고
달려가 보면
함박웃음으로
당신 기다렸다는 듯
웃고 있을 거야

거친 들판에 피어
사랑스런
나의 들꽃아

들판에 홀로 핀 꽃,
폭우 속에 잘 버틸까 밤새 걱정이 되었다.

잡초

아침에 출근하며
길가에 핀 잡초에게
인사를 건넨다
오늘도 무사하시라

잡초 역시 환한 미소로
별일 없는 하루되시라

하루이틀 두 잡초는
끈끈한 친구가 되었다

매일 보던
보도블럭 사이의
잡초가 짓밟힌 날
상실감에 젖은 내게
다 쓰러져가는 잡초는

아프고 여윈 목소리로 말한다

친구여
짓밟히지 않으면 잡초가
아닐세

뽑혀 버려지지 않으면
잡초가 아닐세

친구여
질긴 생명력으로
우리 살아가지 않나

그러면서도
잡초는 아픈 자신의
어깨를 부여잡는다

집앞에 짓밟힌 잡초가 보였다.
잡초처럼 살아가는 나, 주변 사람들을 본다.

잡 초

비, 비, 비요일

종일
비만 내렸다

마음이 아파

병실에 누워
유리창에 맺히는
빗방울을
하나씩
하나씩
세어본다

빗방울은
내 기억의 편린

빗방울 하나에
추억 하나

엄마 손 잡고

외할머니 집 가던
첫 번째 기억

죽을 만큼 사랑했던
그와의 마지막
키스까지만
기억을 세어본다

비가 길어질수록
추억이 많아야 한다

비오는 날을 위해

마지막 기억은
아름다워야겠다

젊은 날의 슬픈 사랑 이야기이다.

방주와 천노(天怒)

노아의 방주도
못 당하는
구멍난 하늘
쏟아지는 비

사라진 열매
사라진 땅

질주하는
인간들에게
보내는
경고인 줄 알면서도

멈추지 못하는
불쌍한 이들

백년을
회개하길 기다려
아라랏산에 방주가

지어진다 해도
천노(天怒)가 풀어질까

다 쓸어버리리라
선(善)한 자만 남기고

하늘이 구멍 난 듯 비가 내린다.
지구 온난화는 인간의 탐욕 때문에 생긴 것.
이에 대한 천노(天怒) 아닐까?
아라랏산은 성경에서 노아의 방주가
정상에 도착했다고 전해지는 곳이다.
페르시아 전설에는 인류 요람의 땅으로 나온다.

고 요

폭풍우 지나고
맑은 웃음 짓는
둥근 해

둥지 찾은 들새들의
노랫소리 정겨워

모두 쓸어가던
강물도 이젠
지줄지줄

지난밤 물꼬 보러
뛰다닌 농부

둥지 잃을까
울부짖던
종달새도

이젠
곤히 잠든다

죽을 고비 넘어간
지난밤도

또 다른 한 켜의
삶

뭉게구름으로
피어오른
공포도 눈물도
바람 타고
저 멀리

오늘 밤
총총한 별이 뜨고
행복한 꿈을 꾸겠다

폭풍우에 할퀴어졌던 세상, 이제 상처가 아물어지려나.
고요해지고 다시 생기가 돋는다. 치유가 시작되겠지…

아름동 연서(戀書)

또로로롱 물소리
쪼로로롱 새소리에
활짝 핀 국활 따라

제천변 걷다 보면
오가낭골 고라니도
울음 웃어 인사하고

세상사에 골몰하던
성정(性情)마저 씻어주는

보름에 달빛 맞아
춤사위에 노랫가락
안뜰뒤뜰 가득하여
범 닮은 능선 따라

저 달도 함박 웃어
흥에 취해 창을 열고
달 들이는 정겨운 곳

나 살아 아름답기 또 있으리

내 죽어 아름답기 또 있으랴

정든 일터를 떠나면서 그곳의 정겨움을 담았다.

아름동 연서(戀書)

이 가을 하염없이 기차에게

하염없이 바라본다
기차를 타면

헝클어진 머리칼
창가에 기대어

금빛 들판을
붉은 단풍진 산자락을

하염없이 바라본다
기차가 가면

가슴 설레게 보고픈
머언 도회지
연인 찾아

언제나 고향 되어 주는
구름 나는
갈매기 반기는

이제 잠시 쉬어가라고

바다 찾아

하염없이 바라본다
기차가 떠나곤

추적추적 나리는 가을비를
추척추적 떨어지는 단풍잎을
추적추적 누르는 번민(煩憫)을

다시 기차가 오면
기차에 무건 삶일랑은
모두 실어 보내버리고
맨몸으로 기차에 오른다

헝클어진 마음
창가에 기대어

가을이 되면 기차 여행을 하고 싶어진다.
가을 들판을 바라보며 세상사 잊어버리고….

1934, 아버지의 오사카(大板)

오래전 부산
통통배 타고
고향도 가족도
뒤로한 채
산 같은 파도 헤치며

오사카(大板)항에
내린 아버지.

저 아래 점 같은 강산
솜사탕 구름 헤치고
대한해협 건너

오사카(大板) 공항에
내린 나.

1000도 가마에
참나무 구워
숯더미 가득 등짐 지고

오사카 부침개집에 숯 파는

아버지는 내가 되어

등짐이 무거웠던가

이름도 모를

부침개 한 조각을 시켜놓고

뚜욱뚜욱

눈물을 흘린다

부침개 숯 내음이

오늘

미친듯이 향긋해서

나의 아버지는 일제 강점기 일본에 건너가 숯을 구워 파셨다.
위 사진은 오사카 도톤보리로 음식점들이 많이 있다.

옛길에 들어
(문경새재에서)

새소리

개울 소리

솔 내음

가득

청솔모 산노루

뛰노는

옛길에 들어

검붉어진 오장(汚腸)

개울에 씻고

역겹던 차 냄새

솔 내음 바르고

시끄런 소음

새소리로

환청(換聽)해

옛길에 들면

속세 찌들은
헌마음
새로워져

괴나리 봇짐 지고
오늘 하루

옛길에 들어

문경새재에 갔다.
새소리 물소리가 무척이나 좋았다.
문경새재 입구에 있는 옛길박물관을 들러
옛날 사람들이 이동할 때 지니던 휴대용 해시계, 나침반 등을 보았다.

절벽 위 단풍

곱게 물들어
옥토에
뿌리 내린 것 같은
절벽 위
아기단풍

절벽 옆
어미는
세찬 바람에
흔들려도 사랑스레
아가를 바라본다

이 바위산엔
소나무도
단풍도
깎아지른 절벽에
칡덩굴 감고
이끼 바르고

한 모금 빗물로
행복하다

지혜로운 단풍
자애로운 절벽
사랑스런 울림

대둔산에 갔다. 그 깎아지른 바위산 바위 위에 단풍나무가 보였다.
아기단풍. 절벽에 어미단풍 같은 큰 단풍. 경이롭다.

이제 눈마저 움직일 수 없는 내게

이젠 움직일 수도 없게 되었다
갓난아기처럼 기어다닐 수도 없다

어느 동사무소 복지사가 와서
일으켜 세워 우유를 입에 대준다

벌컥벌컥 마신다 목이 탄다
밤새 모든 걸 배설해버렸다

불쾌하고 민망하고 챙피하지만
그에게 갈아달라 이야기한다

착해서 그런 건지 이렇게 해야
처자식 먹여살릴 수 있는건지
열심히 기저귀를 갈아 주고 닦아준다

아들 놈은 한 달 전부터
병원에 가라 하지만
어릴 때부터 집 가난한 탓만

했는데 되레 가기 싫다
그냥 죽자 마음먹었다가
오늘 저 양반이
가자 하니 귀가 솔깃허다

하 이제 눈마저 움직일 수 없다
저 양반은 움직이지
못하는 내 눈을 보고 무서워
어딘가로 급히 전화를 한다
아직 숨 쉬는 모습을 보게
배에 힘을 주어본다

이제 이대로 병원에 가면
깨끗하고 귀여운 모습으로
어머니도 아버지도 보겠지

저기 동사무소 양반,
테레비 옆에 빗 좀 가져오소
머리 좀 이쁘게 하게.

    노인은 자식이 있었으나 부담 주기 싫어 병원에 안 가고 있었다.
큰 병이 있으신 듯 했다. 간신히 설득해 병원에 보내드렸으나…

별만 보이는 밤

어째 오늘은
달은 숨고
온통 별뿐이다

밤에도
길을 떠도는
방랑자는
잠시 멈춰
달을 찾는다

저 별들과
멀리 보이는
가로등빛
저기 보이는
여염집빛

아뿔싸!
밤에 비추이는
모든 것이
달인 것을

갈 곳도
없으면서
길을 재촉하던
방랑자

갈 곳을
찾은 듯
길눈이
밝아진 듯
발걸음이 가볍다

달도 숨어
별만 있는 이 밤에

        살아가다 보면 어둠이 찾아와 당황스러울 때가 많다.
        그러나 어디든 빛은 있다.
        꼭 달이나 태양이 있어야만 갈 수 있는 것은 아니다.

그네

피안(彼岸)으로
훨훨 날아가는
그네에 해골을 태운다

무거운 해골
어지러이

저승(此生) 가는
그넬 타니
깃털 같아

이승
중생들아

그넷줄을 잡지 마라
그넷줄이 끊어져도
원망 않을 테니

아하

이대로 훨훨
그네에 실려
날려가리니

대관령에 가서 커다란 그네를 탔다.
저 멀리 훨훨 딴 세상으로 가는 느낌이었다.
그넷줄이 끊어지면 어떻게 하지? 하는 생각도 했지만
훨훨 날아가고 싶은 마음도 들었다.

빛과 어둠

휘황찬란한
빛이 말했지

그대
어둠은 이제
멸(滅)했노라고

승리의
샴페인을
터트리지만

어둠은
항상 그림자마냥
빛을 따라다녔지

빛이 지치면
빛이 있던 곳에
자릴 잡고

이제 잠시 쉬어가라고

어둠은
말하지
빛은 이제
사라졌노라고

승리할 것도
패배할 것도
없는 빛과 어둠
이면(異面)의 동업자(同業者)

                    빛이 있어야 어둠이 있다는 것을 안다.
                    어둠이 있어야 빛이 있다는 것을 안다.
                    빛만 있다면 빛의 의미를 모를 것이다.

눈 맞는 갈대는 꽃

차갑게
눈 내리는
강변 거닐다

지난봄
홀로 피운
들꽃 있던
갈대밭에
발길 닿다

여윈 갈퀴
찬바람에
파도치는
갈대밭에

홀로 핀
꽃
씨를
뿌렸으련

갈퀴
휘날고
눈비 막아
꽃씨를 지켜내나

결 눈보라
봄 비바람
지나
들꽃 피면

꽃보단
꽃씨 지킨
갈대가 더 꽃

갈대가 눈보라를 맞아가며 꽃씨를 지켜, 봄에 꽃씨가 튼다.
이 겨울밤 꽃씨를 지켜주며 눈 꽃송이가 된 갈대가 더 예쁘다.

눈 맞는 갈대는 꽃

이국(異國)의 폭포

여행 온
지구
반대쪽

고향의
나지막한
폭포에 쏟아지던
눈(雪)물은

이국에서도
쉬지 못하고
낙하를 한다

겨우내
쌓인
한(寒) 푸는
이국의 폭포도

여름내
뜨거워진
열(熱) 뿜는
고국의 폭포도

가슴구석
어디
맺힌
응어리를

쏟아내긴
마찬가지

검어진 심장

폭포
한가운데
떨어진다

누나가 뉴질랜드에 가서 폭포 사진을 보내왔다.
응어리진 한, 뜨거운 열정 쏟아내는 듯한 모습은 같아 보였다.

이국(異國)의 폭포

새해에 소원이 있었던가

소원이라는 것이 있을까마는
소원을 해봤자 이룰까마는

느을 그렇고 그렇게
길가 먼지처럼 살아가는
이들에겐 새해도 작년 아닐까마는

그래도 한 가지 이룰 수 있을 만한
바람이 있다면은

먼지같이 살아가도
그 아픔 나눌 만한 친구 하나 생기었으면

길가 그 흔한 잡초처럼 살아가도
꿈 하나 이룰 만한 숨 쉴 곳 있었으면

동지 섣달 새해 밤엔
밤새도록 하이얀 꿈을 꾸어보리라

먼지 같이 살아가도

소원 하나 가지고 살아가게 해달라고

소시민들은 새해 소원도 그다지 만들지 못하는 시대가 되었다.
내 마음 알아주는 이 하나 생기는 게 젤 큰 행복일 거 같다.

첨부터

첨부터
맘에 들었어

첨 봤을 때
반했어

그래서
첨부터
사랑에 빠졌어

첨부터 지금까지
쭈욱

앞으로도
쭈욱

삶이
끝날 때까지

영원히

영원히

사랑해

그게 뭘까

그게 누굴까

그게 어디 있을까

그 첨이란 게 처음이었을까

맞혀 봐

알잖아 넌

누군가 무엇인가 첫눈에 반해
오래도록 간직하고 싶어지는 때가 있다.

울둘목 추억

거센 물살
수많은 적선에

노저어
배를 세우고
조준을 가늠해본다

삶과 죽음,
벌써 죽음을
간직한 지 여러 해

딸아이의 얼굴도
어머니의 얼굴도
어제 보았던 **戰死**혼도

입가에 미소를 띠곤
아득히
화살로 날아간다

울둘목 울음도

이제 잠시 쉬어가라고

산 자의 웃음도
죽은 자의 비명도

허공을 흩어버리곤
아득히
갈매기로 날아간다

명량해전이 있었던 진도 울둘목에 가보았다.
당시의 모습을 떠올려보았다.

가을에 뿌린 봄 유채

아직 갈인데
봄 기다려

냇가 여기저기
뿌려둔 유채

화사한 노오란 꽃
맛난 쌈
향긋한 기름

어느 것 하나
봄 환영하지
않는 것 없는

을씨년스런
타버리는
나뭇잎이 두려워

가을스런

마음 한구석을
따스히 비춰보려
성마르게 뿌려둔

내 맘 다시
유채꽃 피면

사랑 눈먼 고흐의
유채가 피면

그 예저언
그 사랑이
그 꿈들이
다시 빛날까

　　　　　　　유채가 피었다. 지난 늦가을부터 겨울까지
　　　　　　　　유채를 보며 생각해보니
　　　　　　　어두웠구나! 하는 마음이 들었다.

최초의 벚꽃에게

겨우내 한기(寒氣) 뿜던 강가 위
앙상했던 벚나무도 이젠

누에 벗은 벌들의 재촉과
겨울잠 깬 개구리 울음에

마악 꽃봉오리를 터트리다

저 산 뒤로 숨어가는 저녁 해를
밤 지새 기다리다
아침 햇살에 어여쁜 자태
활짝 피울 테니

도시의 콘트리트색 꽃에 지쳐
숨어든 고라니도
새색시 벚꽃 아래
회한(悔恨)의 향에 취할 테니

겨우내 방구석 깊이

묵힌 즘생들의 귀혼(鬼魂)도
이젠 꽃햇살에 태워질 테니

꽃이여
피라
강이여
깨라
벌이여
오라
묵은 혼(魂)이여
가라

꽃봉오리
가져온 봄이여
그대는 진정
최초의 계절
최초의 삶
그리하여 최초의 희망

첫 벚꽃이 필 때다. 감격스러웠다.
이젠 본격적인 봄이구나 하면서…

묘소에서

아버지 어머니
천국에 묻힌
묘소에는

벚꽃도
진달래도
소나무도
색이 선명하다

그 아버지 어머니
나이가 돼버린
또 다른 아버지 어머니는

봄 향기에
도란도란
환히 웃으며
살아가는 이야기
날씨 이야기
또다시

아버지 어머니가 될
자식들 이야기로
꽃을 피운다

산은
묘소는
나무들은
그 길고 긴
세대들의
이야기를
다 들어주고는

또다시
꽃을 피운다
잎을 피운다

     한식날, 선산(先山) 묘소에 형제들이 모였다.
     세대에서 세대로 인류(人流)는 그리 흘러간다,

호수와 꽃비

산도
꽃나무도
나도
데칼코마니한
호수를 바라본다

산들바람에
꽃잎이
호수에 날려

산도
꽃나무도
나도
동그라미
동그라미
사라져버리고

정원의 꽃비
쓸어내리는
꽃답던
누이의 모습이
떠오른다

이젠 머리가
하이얀 누이

꽃비가
호수에 정원에
나리면

눈을
감는다

활짝 핀 꽃
고이 간직하려고
꽃비 쓰는 누이 손
꼬옥 잡아주려고

벚꽃이 바람에 날려 호수에 떨어지던 날이었다.
집에 와보니 아파트 뒤켠 화단에 꽃비가 자욱했다.
그걸 쓸고 계신 어느 누이의 모습.

호수와 꽃비

이제 모차르트를 듣기로 했다

깊은 밤
깊은 삶에
뒤척이다

클라리넷
선율에 이끌려
잘츠부르크행
비행기에 몸을
싣는다

고뇌 가득한
음표에 흐르는
알프스 구름 같은 평화

깊은 밤은
동이 튼 잘츠부르크
아침 햇살로
밝아온다

깊은 밤을 이겨내지
못한다는 건

모차르트를 듣지
못한다는 것

이제부터 모차르트를 듣기로 했다

오스트리아 잘츠부르크에 가면 모차르트 생가가 있다.
그의 음악을 들으면 평화가 온다.
클라리넷은 모차르트가 죽기 전에 애용한 목관악기로
영화 '아웃 오브 아프리카'에도 나오는 클라리넷 협주곡이 있다.
죽기 전 고통 속에서도 평화스럽고 애틋하며 웃기면서도 슬프다.
천재 과학자 아인슈타인은 "죽음이란 무엇인가요?"라는 질문에
"내가 죽는다는 건 모차르트를 듣지 못한다는 것이다"로
답할 만큼 모차르트 덕후였다.

라벤더를 님에게

라벤더를 아시죠
보라색깔 작은 꽃잎
향이 짙은

향이 짙어
꽃다운 벌들이
꼭 하나씩 붙어 있는

아주 작은
제 입술만 한
주머니에 담아
드리고 싶었죠

유월
라벤더가 들에
지천으로 피는
티하니, 헝가리
작은 수도원이 있고
드넓은 에메랄드빛

발라톤 호수가 있는
그곳으로 갔어요

그리곤 한아름씩
라벤더를 따다가
라벤더향
비누도 향수도
향기 주머니도
만들어 드리고 싶었죠

라벤더를 아시죠
향기만큼이나
사랑을 드릴 수 있는
티하니에 지천으로
피어 있는

―――――――――――――――――――――――――

헝가리 타히니에 가면 풍경이 아름답다. 라벤더도 지천이다.

이제 잠시 쉬어가라고

동 트기 전 새벽
굽은 길에 나선다

달 따르고
차가운 강안개
세월 따라
떠다닌다

꺼지지 않는 사랑
강안개 따라
부러진 꿈
달 따라

상처 난 열정
오솔길 따라

찬란한 희망
등나무 궁전
꽃길 따라

머나먼
돌밭길 가다
발바닥
뭉개지고

따가운
햇살 쏟아져
영혼이 불살라지면

조그만
플라타너스 그늘 아래
이제 잠시 쉬어가라고

손바닥 구름
그림자 아래
이제 잠시 쉬어가라고